AF232115

AUGUSTE

GUILLEMIN

—

Souvenir

Je demande [...]
Comme je pardonne à t[...]
Le désir mourir en pai[...]
de la Religion Catholique, a[...]
recommande à mes enf[...]
tradition des sentiments 2[...]
famille, et dans leur en[...]
exemple, je les laisse tou[...]
adieu bien tendre à ma[...]
Au revoir, St Dieu m[...]
en sa sainte présence,[...]
Jesus Christ.
Fait en sig[...]

tous ceux que j'ai pu offenser,
... ont par ce voile vou suivre
... les hommes, dans le sens
... Romains, et qui
... précieusement les
héréditaires dans ma
... en les touchant
mon cœur, en disant un
... aimée, ou plutôt
... la grâce de mes unis
mérités de son divin fils

... le 24 Juin 1875

A. Guillemin

cA MA CHÈRE SŒUR

cA celle qui fut la fidèle et tendre compagne de sa vie, le témoin des heures de
bonheur, des luttes et du triomphe sur la
mort de son âme vaillante et chrétienne :

Je dédie ces pages, témoignage trop
faible, hélas! de ma gratitude envers la
chère mémoire d'Auguste Guillemin.

H. O'SHEA.

AUGUSTE GUILLEMIN

𝔖𝔬𝔲𝔳𝔢𝔫𝔦𝔯

Pertransiit benefaciendo.
(Il a passé en faisant le bien.)

Le Bien a ses deuils qui valent ceux de la
Gloire. Lorsque meurt un parfait honnête
homme, ce chef-d'œuvre de Dieu, il se fait
des vides plus profonds dans les cœurs : sa
tombe, bénie de tous, devient un monument d'honneur, et son nom, un signe de
ralliement. Dieu permet les hommes de mal,
ces violences humaines, comme Il permet
l'incendie, la foudre, les inondations ; mais
Il bénit les hommes de bien, ces harmonies
vivantes, ces forces divinisées qui réchauf-

fent, éclairent, fécondent toutes les heures
de la vie, comme Il bénit les eaux, la lumière, la chaleur, le mouvement. A mesure
que le Christianisme répand sa lumière, qui
montre chaque chose sous son véritable jour,
l'homme voit plus clair dans l'homme et
mesure mieux la distance qui sépare sa gloire
de la gloire de Dieu. Les grands hommes
sont l'honneur ou la honte de l'humanité.
Comme les montagnes qui touchent à la fois
au ciel et aux fondements de la terre, ils ont
le privilége de voir de plus près et Dieu et
l'humanité. Mais s'il est beau d'admirer ces
images sublimes de l'infinie puissance, il est
plus doux d'aimer ces âmes simplement dé-
vouées au bien, ces âmes généreuses, ar-
dentes et fermes, purs diamants à travers
lesquels Dieu se plaît à faire rayonner sa
gloire. Est-il, d'ailleurs, un spectacle plus
beau que celui d'un homme qui dès le seuil
de l'existence, après avoir jeté un coup d'œil
sur la bataille qui l'attend, prend le devoir

pour drapeau, ne se rend jamais, et traverse la vie en combattant pour Dieu, pour la famille, pour la justice et pour la vérité? Or, c'est là le spectacle que nous offre la vie d'Auguste Guillemin, et c'est pourquoi je me plais à le redire, sa tombe est à mes yeux un monument d'honneur, et son nom, en ces temps de défaillance, un signe de ralliement.

Esquissons en quelques traits son portrait au physique et au moral. Une haute stature; la tête finement modelée; des traits accentués, mâles et fermes; un front large; le regard à la fois doux et vif; la bouche d'un dessin serré, indiquant la volonté énergique et l'absence de toute sensualité; des mains élégantes; toutes les lignes nettes, arrêtées, distinctes; la physionomie fine et sérieuse; l'attitude simple et grave; l'air franc et affable. Voilà pour l'homme extérieur. Allons au fond et disons d'abord que c'était une nature d'une vitalité extraordinaire de corps et d'esprit. Son activité, vraiment infatigable, semblait naître du besoin toujours présent d'étendre en tous sens sa vie, son intelligence et sa volonté. Doué d'une sensibilité vive et délicate, d'une chaude tendresse sous cet aspect grave et souvent un peu froid, d'une impétueuse énergie, d'une intelligence supérieure, prompte, active et assimilatrice, l'éducation soignée qu'il avait reçue, et le milieu sain et élevé dans lequel il avait vécu dès son enfance, n'avaient contribué qu'à développer les rares qualités de son cœur et de son esprit, pendant que la foi, cette raison suprême, avait toujours maintenu l'équilibre entre ses facultés et ses penchants naturels.

Il y a des caractères indécis, effacés et ternes, dont les défauts contre-balancent exactement les qualités, semblables à ces heures où dans l'ombre de la nuit qui arrive se confond la lumière du jour qui disparaît. Il y a des existences qui se déroulent avec la monotonie désespérante d'une grande route.

Il en est, au contraire, qui ressemblent à
certaines contrées accidentées, tout monts et
vaux, et dont l'aspect tourmenté et tragique
tenterait la plume d'un romancier. La vie
d'Auguste Guillemin me rappelle une de ces
belles plaines du Béarn, parsemées de cul-
tures diverses, à travers lesquelles coule, en
les fécondant, un large et paisible cours
d'eau qui réfléchit les cieux. Le cours d'eau
chez lui, la source de vie et d'inspiration
qui dominait son existence tout entière et
fécondait ses vertus, son intelligence, ses
affections et jusqu'à la moindre de ses actions, c'était la conscience, le sentiment ardent, profond, du devoir, la seule base solide
de notre bonheur et le principe de notre dignité devant Dieu et devant les hommes.
Devoirs envers Dieu, envers autrui, envers
nous-mêmes; devoirs envers tout ce qui
sent, souffre, aspire, tout ce qui a l'ombre
même d'un droit à notre amour, à notre
charité, à notre bonne volonté, il les com-

prenait tous et savait les accomplir sans hé-
sitation, sans défaillance, sans but intéressé.
Aussi les énergies de son être, les forces de
son intelligence furent-elles tournées de
bonne heure vers l'application pratique et
positive de cet amour du bien dont l'activité
doit toujours être le but principal. Certes,
ses aptitudes étaient nombreuses. D'une in-
struction solide et variée, ouvert à toutes les
impressions du beau, il se plaisait non
moins dans le commerce des grands écri-
vains de l'antiquité, qu'il relisait constamment, que dans la contemplation des chefs-
d'œuvre de l'art, dont il était un fin
appréciateur; mais chez lui la raison sobre
et sévère dominait l'imagination, ne lui em-
pruntant que la flamme qui échauffe, éclaire,
et non le feu qui consume. Docile à ses
impulsions et non moins à celles de son
cœur, il préférait la réalité à la spéculation,
et dans la réalité voyait surtout l'action du
bien. Or, la vie, n'est-ce point là la plus so-

lennelle des réalités? Agir, n'est-ce point son but, et bien agir, sa noblesse? La foi, cet œil de notre âme, en percevant le divin, ne perçoit-elle pas l'infini vivant, l'intelligence, la volonté et l'amour suprêmes en mouvement? L'action est le son que rend l'âme au contact des choses, et la plus indifférente a un retentissement qui se prolonge dans l'éternité. C'est la substance de nos désirs, la chair de nos résolutions, la forme vivante et permanente de notre volonté, l'étoffe dont notre vie est faite, guenille ou manteau de roi, selon que nous la tissons avec les fils grossiers ou avec l'or fin de nos âmes. Aux yeux de Guillemin, rien dans la nature ne paraissait inutile, superflu, inactif et sans quelque but de bienfaisance. Dans l'homme il aimait, je crois, à estimer sa valeur d'après celle de son concours actif et personnel au bonheur d'autrui. Plus l'objet du bien était vaste, plus il excitait sa sympathie. C'est pourquoi dans la vie il

réservait sa plus haute admiration pour les
dévouements qui s'emploient au service des
intérêts généraux, pour le patriotisme sans
arrière-pensée d'intérêt ou d'amour-propre,
pour le zèle humanitaire, pour la sainte ardeur de nos missionnaires, pour toutes ces
grandes vertus chrétiennes qui, sous des
noms divers, développent la civilisation en
rapprochant les hommes et en les poussant
vers Dieu. Son cœur et son intelligence
avaient vite deviné le sens de la crise terrible
que le monde traverse en ce siècle et qui
provient de l'antagonisme entre ceux qui
veulent marcher sans Dieu et ceux qui ne
veulent pas marcher avec l'humanité. Quant
à lui, son espérance était grande, parce que
derrière l'erreur et la violence il voyait
l'œuvre sainte que l'amour de Dieu a confiée à l'amour des hommes, je veux dire, la
reconstruction d'une société nouvelle sur
l'accord de la volonté humaine avec les lois
de la sagesse éternelle. Cette grande idée

devait tenter la généreuse ambition d'un homme tel que lui. Ouvrier courageux et convaincu, il aurait voulu apporter sa pierre à l'édifice. Aussi voyait-il dans la carrière politique le seul terrain qui répondît aux aspirations de son cœur, à l'activité de son esprit. Tout l'y attirait. Tout en lui et autour de lui semblait conspirer dans ce but. Possesseur d'une belle fortune et de terres assez considérables, allié à une famille illustre et influente, ayant l'honneur de compter parmi ses amis des hommes tels que M. Guizot et le prince de Broglie, élevé dans les doctrines libérales qui commençaient à émouvoir son pays, tout en restant catholique ardent et observateur fidèle des principes héréditaires dans sa famille, il y était, de plus, tout particulièrement préparé par des aptitudes et des qualités spéciales, par un tact délicat et toujours en éveil, par la ténacité des convictions jointe à l'accommodation aux variations des choses, par la sû-

reté du jugement, la promptitude dans la
conception d'un plan, ou l'intelligence d'une
situation, l'ardeur à poursuivre un but, enfin par la maturité que donne l'expérience
du monde et des affaires et la hauteur de
vues provenant du contact d'hommes d'opinions et de pays divers.

A cet attrait puissant il eût peut-être cédé
— mais à quel prix ? N'eût-ce pas été au prix
de cruelles déceptions et d'amers découra-
gements ? Sa fière indépendance eût-elle sur-
vécu aux exigences des partis ? Sa volonté
ne se fût-elle pas brisée contre l'inertie et la
mauvaise foi des hommes ? Sa conscience,
ce cristal de l'âme, ne se fût-elle pas ternie
au souffle des passions ? « Mais le bien ! »
dites-vous..... Que de montagnes d'erreurs
ne faut-il pas soulever avant de mettre au
jour ce pur diamant ! « Mais la gloire !..... »
Lorsqu'on vit tant pour les autres, n'est-on
pas bien près d'être mort pour les siens ? —
Dieu, en lui refusant la célébrité, lui donna

le bonheur en échange. Les circonstances
de sa vie et, plus que tout le reste, l'avéne-
ment d'un régime antipathique à son caractère et à ses opinions, et qui dura pendant
la meilleure partie de sa vie, l'éloignèrent à
jamais de ce terrain brûlant où les cœurs se
dessèchent, pour le reporter sur un autre
moins vaste, mais non moins élevé — je veux
dire la vie privée, la famille, cette première
patrie et ce dernier refuge de nos cœurs! Le
foyer domestique!..... n'est-ce pas là aussi
une grande et noble scène digne des plus
rares qualités et des plus hautes vertus?
N'a-t-il pas ses gloires, et, dans ses secrètes
annales, Dieu n'inscrit-il pas des héroïsmes
qui font tressaillir les anges? Ah! c'est la
plus divine des institutions humaines, parce
que c'est l'association de toutes les forces, de
toutes les tendresses et de toutes les espé-
rances que renferment trois noms que le
Ciel a bénis : un père, une mère, un en-
fant!..... La vie domestique faite de petits

événements qui se succèdent sans fin est une épreuve incessante du caractère. Pour qu'elle soit vraiment noble et féconde, il faut autre chose que les qualités extérieures de l'esprit qui frappent et éblouissent comme ces bijoux qu'on ne porte que les jours de fête. Il s'agit de dépenser à tout instant la menue monnaie de notre cœur : ce tact qui est l'esprit de notre cœur et pour ainsi dire le cœur de notre esprit; ce constant échange d'égards qui assurent la dignité de nos affections et en renouvellent la chaleur à tous les moments; ce doux contentement qui fait la sérénité de la vie et contribue à l'équilibre de nos penchants; ces concessions mutuelles qui sont les trêves que le cœur impose aux convictions, aux goûts et aux habitudes. Je dirai plus : le foyer domestique est la meilleure école de la patrie, cette famille des familles. C'est à la fois une source d'autorité et de généreux élans. Quiconque baisse la tête devant son père et plie

le genou devant Dieu saura respecter la loi
et, le cœur haut, marcher contre l'ennemi.

C'est exclusivement de cette vie de famille
qu'Auguste Guillemin vécut désormais, et
c'est à la chaleur du foyer domestique que
s'épanouirent les plus belles qualités de son
caractère. Ce fut là la plus longue comme la
plus heureuse époque de sa vie — et c'est
de celle-là que je veux parler, en la retra-
çant uniquement d'après mes souvenirs
personnels, m'ayant été donné de le voir
souvent, soit à Paris, où il allait toutes les
années passer quelques mois, soit surtout à
Gan, dans sa belle propriété située entre
Pau et les Eaux-Bonnes, où il vivait au
sein de sa famille, entre sa jeune femme et
ses quatre enfants, entouré constamment de
ses nombreux amis, faisant valoir ses terres
et, comme le promeneur sur la plage, se
plaisant à suivre de loin les mouvements de
l'opinion publique, ce mobile océan dont
les flots mènent souvent là des terres fortu-

nées, mais auxquels il n'avait pas voulu confier son nom et sa fortune.

Penser le plus possible aux autres et le moins possible à soi ; aimer ce qui est noble, élevé, intéressant ; jouir par le cœur autant que par l'intelligence ; imprimer autour de soi, dans tous les ordres d'activité, une impulsion plus vive, une direction plus sûre ; communiquer un élan, indiquer un but, relever un courage, adoucir une peine, offrir souvent plus et mieux qu'un conseil, c'est là une vie que Dieu ne donne pas à tous, et ce fut, pendant de longues années, celle d'Auguste Guillemin. D'ailleurs, à cette époque, tout n'était autour de lui que sourire et promesse. Sa femme semblait née pour satisfaire complétement son cœur et son esprit. L'affection la plus pénétrante et la plus aimable était chez elle mêlée au plus noble et ferme sentiment du devoir. Son âme ardente et pure s'élevait vers Dieu comme un lis vers le soleil. La joie sereine

que donne la foi, cette certitude du vrai,
semblait constamment illuminer son beau
visage et y répandait une gravité douce
et gracieuse. Son esprit fin et distingué
rehaussait le charme de son intimité. Dans
cette riche nature les qualités les plus rares
du cœur et de l'esprit se trouvaient heureu-
sement réunies, comme ces plantes des cli-
mats privilégiés qui portent à la fois sur la
même branche des fleurs exquises et des
fruits savoureux. Heureux l'homme qui a
mérité une pareille compagne! Avec elle
l'honneur s'est assis à son foyer. Elle est la
grâce de sa maison, la lumière qui colore
ses heures de bonheur et qui tempère
l'ombre froide des soucis : elle est sa force
dans la maladie, son conseil dans les pro-
jets, son aide, enfin, et son associée dans
la plus noble et la plus difficile tâche qui
soit imposée ici-bas, celle de former des
hommes craignant Dieu et respectant les
hommes. Ses enfants, eux aussi, contri-

buaient beaucoup au bonheur de Guillemin. Il aimait à lire leurs pensées dans
leurs yeux comme on regarde luire les cail-
loux au fond des eaux claires et tranquilles.
Il se plaisait à les voir grandir autour de
lui, à suivre le développement de leur caractère, à voir poindre dans chacun l'aurore de
jours heureux. Sa fille aînée, par son âge,
mais surtout par ses qualités sérieuses autant
qu'aimables, était pour tous deux une société délicieuse, dont le charme se répandait
sur leur vie tout entière. La tendresse de son
père pour elle était profonde, et son bonheur
fut comblé le jour où elle épousa un homme
qui était aussi digne d'elle par la noblesse
de son âme que par la distinction de son
esprit. Dans une lettre écrite en 1869, sous
l'impression d'une maladie qu'il croyait devoir se terminer fatalement, Guillemin,
s'adressant à sa femme, lui faisait des re-
commandations relatives à leurs enfants :
« Quand la fin de l'éducation de nos chers

» enfants ou leur établissement t'aura rendu
» toute ta liberté, je pense que tu aimeras
» faire de notre propriété de Gan ta princi-
» pale résidence. Tu aimeras, peut-être, à
» y retrouver le souvenir des heureuses an-
» nées que nous y avons passées et celui de
» tout le bien que tu as fait en y venant,
» tant à moi qu'à tous ceux dont tu as été la
» providence. Ton premier devoir et ton
» premier soin doivent être l'éducation de
» nos chers enfants..... » Puis, parlant de sa
plus jeune fille, il ajoute : « Elle ne te
» quittera pas jusqu'au jour où Dieu lui
» aura montré sa voie dans le monde, et
» alors, souvenez-vous, l'une et l'autre, que
» les dons de l'âme et du cœur sont les plus
» précieux pour le bonheur dans le mariage
» et doivent être mis au-dessus de ceux de la
» naissance, de la position et de la fortune. »
A l'égard de son fils aîné, il écrivait ces
mots : « Son éducation sera la grande
» tâche de ta vie. Je ne te traceraipas de pro-

» gramme. Tout dépendra des circonstances
» de sa santé et du caractère que l'avenir dé-
» veloppera en lui; mais l'alliance de la
» famille avec l'éducation publique tend gé-
» néralement à développer les qualités dont
» un homme doit être doué pour occuper
» dignement la position que Dieu lui des-
» tine au temps où nous vivons. Je ne te
» parle pas des sentiments religieux à incul-
» quer à ces chers enfants; ta tendre piété
» me répond de tout à ce sujet. Rappelle
» souvent à mon fils qu'il faut être un bon
» chrétien et un honnête homme par-dessus
» tout. Dieu fera le reste. Il peut être appelé
» à vivre dans des temps difficiles. Sa con-
» science sera sa boussole et son guide. S'il
» partage mes sentiments, il sera catholique
» et libéral, et il ne sacrifiera pas ces deux
» sentiments aux tentations des hommes et
» de la fortune. Il se souviendra que la vie,
» même la plus longue, est courte en consi-
» dérant, et le souvenir que l'on peut laisser

» derrière soi et surtout l'éternité, qui est
» l'existence véritable pour laquelle Dieu a
» créé notre âme. Vous êtes tous si unis
» dans mon cœur que votre union et votre
» tendresse mutuelle sont le meilleur souve-
» nir que vous puissiez me conserver. Tu
» enseigneras à nos chers enfants à considé-
» rer les liens de parenté comme une partie
» de ma mémoire. »

Mais ce n'est pas uniquement dans le cer-
cle de la famille que s'exerçait l'action bien-
faisante de cette riche nature si ardente au
bien. Elle s'étendait plus loin, cherchant
des aliments partout. C'est ainsi qu'ayant
trouvé sur sa propriété de Gan une ferme-
école, il lui imprima un essor inconnu jus-
que-là, réorganisa l'enseignement et en
éleva le caractère moralisateur. Avec son
intelligence remarquable que secondait cette
énergie que rien ne semblait lasser, Guillemin réussit en peu de temps à en faire un
établissement admirable qui lui valut les

plus hautes récompenses, l'approbation de
tous et, ce qui avait plus de valeur à ses
yeux, l'approbation de sa conscience. En
effet, les fils des plus humbles cultivateurs
purent bientôt y apprendre plus et mieux
que la culture rationnelle de la terre et
l'élève avantageux du bétail, je veux dire
l'application des principes d'ordre et de dis-
cipline morale dont ils avaient reçu les ru-
diments à l'école et chez les bons prêtres. Il
en sortit d'excellents agriculteurs, des mé-
tayers actifs et entendus, et surtout des
hommes honnêtes dont Guillemin se faisait
un devoir de protéger les premiers pas, de
suivre la carrière.

Quelle vie remplie que la sienne! Levé
dès l'aube, il parcourait ses fermes, dirigeait
des expériences agricoles, surveillait l'exé-
cution de quelque travail important, visitait
ses magnifiques serres, examinait une nouvelle acquisition, répandant partout la lumière, la vie, le bien-être; parfois, renfermé

dans son cabinet de travail, il mettait la main à quelque brochure traitant des grandes questions du jour ou d'économie politique, ou entretenait une correspondance active avec des amis politiques, avec ses collègues du conseil supérieur du commerce et de l'agriculture, ou avec les nombreuses sociétés savantes dont il faisait partie.

Pendant ce temps, sa femme, seule ou accompagnée par une de ces saintes sœurs auxquelles ils étaient tous deux très-dévoués, parcourait les maisons pauvres du hameau, s'occupait personnellement de l'éducation de ses enfants ou s'employait aux soins pieux que réclamait la belle chapelle gothique attenante à la maison, pour laquelle elle avait obtenu le précieux privilége de garder le saint Sacrement.

Non moins profonde était la piété d'Auguste Guillemin, mais elle avait surtout le caractère d'un dévouement actif à cette grande Église catholique dont l'origine sa-

crée, la dignité, la liberté et l'autorité morale lui paraissaient essentiellement liées au
sort de la civilisation tout entière. Nul
chrétien ne pouvait aimer davantage l'É-
glise, mieux respecter ses ministres, plus
profondément vénérer son chef visible, qu'il
avait connu à Rome, pendant le long sé-
jour qu'il y avait fait. C'est même à lui,
grâce insigne, que revient l'honneur d'avoir
fondé, en France, l'œuvre dite du Denier
de Saint-Pierre, œuvre sainte et sanctifiante,
non moins touchante qu'opportune et effi-
cace, qui permet au plus humble de contri-
buer pour sa part au soutien, au prestige et à
la liberté du souverain Pontife. Et il prêcha
d'exemple, abandonnant à cet effet une partie de sa fortune. Sa foi en Dieu était invin-
cible, et jamais le doute ne jeta son ombre
froide sur son âme. Il eut la grâce de toujours croire parce qu'il ne cessa jamais
d'aimer.

Il était aussi particulièrement sensible à

l’amitié. Il s’attachait lentement, mais forte-
ment, étant attiré plutôt par les qualités que
le temps éprouve que par le charme des pre-
mières impressions.

Préoccupation constante du mouvement
politique et religieux qui se faisait autour
d’eux , commerce intime et continuel avec
les membres et les amis des deux familles,
éducation des enfants, lectures intéressantes,
sollicitude pour les infortunes qui venaient
à eux ou auxquelles ils allaient eux-mêmes,
que de doux intérêts, que de graves et tou-
chantes occupations!... Hélas! je n’ose reporter ma pensée à ces jours d’un bonheur
si calme et si complet, aujourd’hui que tous
ces liens se sont rompus qui unissaient tant
de cœurs ensemble!... Je revois cette chère
maison de Gan, aux murs tapissés de lierre,
de roses grimpantes et de chèvrefeuille, en-
tourée de grands arbres et de vastes pelouses
qu’égayaient de fraîches corbeilles de fleurs ;
ce vaste vestibule plein d’oiseaux et de

grandes plantes exotiques; cet élégant salon
rose aux bahuts précieux, aux bronzes de
prix, aux étagères chargées de bibelots cu-
rieux, souvenirs de voyages lointains, et
cette grande salle à manger où régnait une
hospitalité si large et en même temps si élé-
gante! Que de charmantes soirées s'y sont
écoulées comme un rêve soit à écouter la
musique de Beethoven, soit dans des cause-
ries vives et animées servant de commen-
taires au nouveau livre ou au journal fraî-
chement déplié!...

Mais ce qui complétait le charme et la
douceur de cette vie, c'était le contact d'une
nature incomparablement belle et radieuse
qui développe les côtés sensibles et poéti-
ques de nos âmes, nous éloigne par moments de la trop grande préoccupation des
choses humaines, nous détache de nous-
mêmes et nous rapproche de Dieu. Auguste
Guillemin en avait bien le sentiment, et une
de ses plus grandes jouissances était de faire

de longues promenades en voiture avec sa
femme et ses enfants à travers le beau pays
qui avoisinait sa résidence. Même sans sor-
tir de ses terres, il pouvait contempler un
des plus grands spectacles qui puissent s'offrir à l'homme, la chaîne des Pyrénées qui
du côté du Midi remplit tout l'horizon. Et
il ne s'en lassait jamais. Car les montagnes
produisent le même effet que la mer, une
sorte de fascination qui devient chaque jour
une volupté nouvelle. Par les variations in-
cessantes de l'ombre et de la lumière, par
l'aspect toujours changeant selon l'heure, la
saison et l'état de l'atmosphère, les montagnes deviennent pour ainsi dire des êtres
doués de vie qui ont leurs jours de morne
tristesse, de sombre désespoir, de sérénité
radieuse, de doux appels, d'indifférence su-
perbe. Il aimait passionnément ces spectacles de la nature si admirables dans les
Pyrénées, où la forme, expression des
drames géologiques, apparaît avec un relief

si hardi et si énergique, et où la couleur,
grâce au soleil, prend des tons d'une ri-
chesse infinie. Ces puissantes impressions
éveillèrent en lui des sentiments nouveaux
et éclairèrent des côtés de son esprit que le
commerce exclusif du monde aurait laissés
dans l'ombre et le silence. Dans cette contemplation de la nature son âme religieuse
s'exaltait et allait plus loin que ses yeux.
Chaque espèce de beauté devint pour lui
comme l'expression d'une action divine.
Dans les manifestations de la force, il voyait
Dieu qui veut; dans ce qui porte l'empreinte
de la bienfaisance, dans ce qui est doux et
béni, il voyait Dieu qui aime; dans les manifestations du beau, c'était Dieu qui parle
et nous attire à lui. Plus haut, plus loin,
devant le spectacle de l'infini, au silence de
sa raison et à la libre expansion de son âme,
il reconnaissait le sublime, et le sublime, il
le sentait bien, c'est plus que la parole, c'est
l'éloquence de Dieu!... Ah! cette existence

était bien belle, et ce bonheur aurait été
parfait s'il avait pu être autre chose qu'un
bonheur humain! Tôt ou tard Dieu réclame
ses droits et nous impose le devoir de cher-
cher l'éternel à côté de ce qui passe, l'infini
dans ce qui est limité, et l'absolu au delà de
ce qui n'est que relatif. « L'homme est plus
grand que le monde », a dit Pascal. Et sa
grandeur me semble surtout consister en ce
qu'il ne se contente point de ce qui est. Il
a un besoin absolu de l'absolu que le monde
ne peut satisfaire.....

Dans le ciel serein de cette vie parut un
point noir, puis de gros nuages, et la foudre,
hélas! finit par déchirer la nue et embraser
la terre. Un mal cruel et qui ne pardonne
pas envahit peu à peu la constitution d'Auguste Guillemin et finit par la miner sour-
dement, mais complétement. Pendant plus
de deux ans son âme vaillante et chrétienne
lutta contre la douleur et le découragement,
et ne faiblit point. Il aimait cette vie où il

avait trouvé le bonheur : il l'aimait pour elle, mais surtout pour les siens. Ses enfants étaient encore bien jeunes pour se passer d'un tel père, et sa femme, malgré son intelligence et son dévouement, avait-elle acquis assez d'expérience pour surveiller sans lui ses intérêts et diriger l'éducation de sa jeune famille? Encore quelques années!... l'intervalle est si court qui sépare ces deux mystères, le berceau et la tombe!... Mais comme le laboureur qui, ayant tracé son sillon et semé le grain, attend avec confiance la saison des moissons, Guillemin, son sillon tracé dans ce monde et son œuvre accomplie, était prêt et attendait, lui aussi, le moment solennel qui vient à l'heure que Dieu seul indique. Seulement, il s'efforçait de cacher à tous ses souffrances et ses anxiétés. Admirable était son courage et non moins admirable son espérance en Dieu alors qu'il lui fut refusé de plus espérer en ce monde. La foi et la résignation chrétiennes de toute sa

vie trouvèrent à ce moment leur sublime
effet. Durant ses derniers jours ses élans
vers le ciel semblaient se fortifier par ses
douleurs mêmes. Après une crise terrible
d'étouffement il eut un moment de bien-
être complet durant lequel il promit à Dieu
de ne plus se plaindre si l'étouffement revenait. Il tint parole, et, à partir de cet instant,
il supporta ses souffrances avec encore plus
de courage et de soumission qu'avant. Il ne
craignait pas la mort; il l'avait toujours re-
gardée comme l'entrée dans la seule vraie
vie; mais son amour et sa sollicitude pour
les siens lui inspiraient parfois des regrets.
La veille de sa mort, il disait à sa femme :
« Dieu m'a tout donné : une femme comme
» toi, de beaux enfants; j'ai l'estime et le
» respect de tous, mais ma maladie a tout
» empoisonné. J'ai envie de tout secouer, de
» mépriser mon mal, de *vivre!* » C'était la
lutte suprême d'une nature tendre et énergique, mais il en revenait toujours à une

parole de foi et de résignation. L'heure so-
lennelle et déchirante des derniers adieux
arriva enfin. Le pauvre voyageur, las et
triste, devait quitter ses chers compagnons
de route et aller se reposer à l'ombre de la
croix. Au moment de bénir ses enfants, il
eut un dernier et tendre entretien avec sa
femme et lui dit ces mots dans lesquels il
mit toute l'ardeur de son âme : « Nous
» nous reverrons! » Puis, s'adressant à
ses enfants : « Soyez toujours unis, leur
» dit-il; rappelez-vous que la déférence et
» le respect pour votre mère, la paix et
» l'union entre vous seront la meilleure ma-
» nière de garder ma mémoire. » Il remercia
le médecin : « Merci, docteur, de tous les
» adoucissements que vous avez apportés à
» mes maux. » Après les derniers sacre-
ments, qu'il reçut avec une foi simple et
touchante, son expression devint sublime,
son visage s'éclaira d'un rayon céleste; son
âme contemplait déjà l'aurore du jour qui

n'a pas de fin. « J'aimais la vie, dit-il
» encore; mais puisque Dieu le veut, je suis
» prêt! » Et fermement, simplement, sain-
tement, il attendit l'heure que la volonté de
Dieu lui avait marquée. Le 21 septem-
bre 1877, à sept heures trois quarts du soir,
le fidèle serviteur alla rendre compte au
Maître de la tâche qu'Il lui avait confiée.
La mort ennoblit encore son visage. Sur
tous ses traits se répandit une majesté indi-
cible. C'était bien l'image de Dieu qu'on
voyait briller sur ces restes mortels, et sa
présence souveraine imposant silence à la
douleur elle-même ne laissait de place dans
l'âme que pour l'adoration.

Chaque vie renferme quelque enseignement. La morale de celle d'Auguste Guillemin me semble être celle-ci : que la noblesse
de notre vie ne consiste pas seulement dans
les actions d'éclat, ni dans telles circonstances de la vie publique, et ne se produit
pas uniquement dans les occasions excep-

tionnelles, mais consiste aussi et surtout dans le sentiment du devoir de chaque jour, dans la volonté inébranlable de l'accomplir, non par crainte des châtiments ni par espoir des récompenses promises, mais pour l'amour de Dieu et la dignité de nos âmes.

PARIS. TYP. E. PLON ET Cⁱᵉ, RUE GARANCIÈRE, 8.